MODERNE KÜCHE
—KÜCHENBIBLIOTHEK—

SCHNELL & PFIFFIG

Inhalt

8 Knackige Salate & frisches Gemüse

24 Köstliches für zwischendurch

38 Bunte Pastavariationen

52 Feine Fleisch- & Geflügelgerichte

Raffiniertes für Gäste 66

Süßes zum Dahinschmelzen 82

Verzeichnis der 90
Rezepte nach Kapiteln

92 **Verzeichnis der Rezepte in alphabetischer Reihenfolge**

Knackige Salate & frisches Gemüse

Salatherzen mit Himbeeren, Schinken und Pfefferminzdressing (Foto)

Zutaten für 4 Personen

2 kleine Kopfsalate
150 g Himbeeren
125 g Crème double
1 TL Puderzucker
1 TL grüner Pfeffer, gehackt
Saft von ½ Zitrone
1 EL in Streifen geschnittene Minze
100 g gekochter Schinken, in Streifen

1. Vom Kopfsalat die äußeren Blätter entfernen und die gelben Salatherzen vierteln, waschen und trockentupfen. Herzen auf den grünen Blättern anrichten. Himbeeren verlesen und darauf verteilen.

2. Crème double, Puderzucker und Pfeffer mit Zitronensaft verrühren. Minze unterziehen. Salatsauce über die Salatherzen gießen. Schinkenstreifen darauf verteilen. Gekühlt servieren.

Zubereitungszeit ca. 15 Minuten
Pro Portion ca. 780 kJ / 190 kcal
E: 7 g, F: 15 g, KH: 6 g

Frittierter Käse auf Salat

Zutaten für 4 Personen

125 g gemischte Sprossen
1 Kopfsalat, 2 Tomaten
1 Apfel
6 EL Öl, 3 EL Obstessig
2 EL Wildpreiselbeeren (a. d. Glas)
Salz, Pfeffer aus der Mühle, Zucker
125 g Mehl
8 EL Bier
2 Eiweiß, steif geschlagen
300 g Tilsiter, in Streifen
etwas Mehl zum Wenden
750 g Butterschmalz zum Frittieren

1. Sprossen abspülen und abtropfen lassen. Salat waschen, putzen, trockenschleudern und klein schneiden. Tomaten und Apfel waschen, entkernen, vierteln und in Scheiben schneiden. Alles mischen. 4 Esslöffel Öl, Essig, Preiselbeeren, Salz und Pfeffer für die Marinade verrühren und unterheben.

2. Mehl, restliches Öl und Bier verrühren. Eischnee unter den Teig heben. Käsestreifen erst in Mehl, dann im Teig wenden. Im heißen Fett portionsweise goldgelb frittieren. Auf dem Salat anrichten.

Zubereitungszeit ca. 30 Minuten
Pro Portion ca. 3092 kJ / 744 kcal
E: 32 g, F: 56 g, KH: 28 g

Tomaten-Erdnuss-Salat (Foto)

Zutaten für 4 Personen

80 g gesalzene Erdnüsse

600 g Tomaten

1 Bund Frühlingszwiebeln

1/2 unbehandelte Limette

Salz, Pfeffer aus der Mühle

1 TL gehackte Minze

1 EL gehackte glatte Petersilie

1. Erdnüsse in einer Pfanne ohne Fett goldbraun rösten. Tomaten waschen und achteln. Frühlingszwiebeln putzen, waschen und in Ringe schneiden.

2. Limettenschale in feinen Streifen abziehen, Saft auspressen. Mit Tomaten, Zwiebeln, Salz, Pfeffer und Minze mischen und mit Erdnüssen und Petersilie bestreuen.

Zubereitungszeit ca. 15 Minuten
*Pro Portion ca. 636 kJ / 152 kcal
E: 7 g, F: 10 g, KH: 6 g*

Kohlpäckchen mit Sauermilchkäse-Salat

Zutaten für 4 Personen

8 große Weißkohl- oder Wirsingblätter

400 g Sauermilchkäse

1 kleine Salatgurke

1 kleine rote Zwiebel, fein gewürfelt

2 EL Weißweinessig

4 EL Öl

Salz, Pfeffer aus der Mühle

gem. Kümmel

2 EL Schnittlauchröllchen und 8 Schnittlauchhalme

1. Kohlblätter 6–8 Minuten blanchieren, trockentupfen. Sauermilchkäse würfeln, die Gurke waschen, putzen, vierteln und in Scheiben schneiden. Aus Zwiebel, Essig, Öl, Salz, Pfeffer, Kümmel und Schnittlauchröllchen eine pikante Marinade rühren. Käse und Gurke untermischen.

2. Mittelrippe der Kohlblätter flach schneiden. Salat auf die Mitte der Blätter verteilen, Blätter zusammenklappen und mit je 1 Schnittlauchhalm zusammenbinden.

Zubereitungszeit ca. 25 Minuten
*Pro Portion ca. 1083 kJ / 258 kcal
E: 31 g, F: 13 g, KH: 3 g*

Farmersalat mit Räucherwurst (Foto)

Zutaten für 4 Personen

500 g Farmersalat (Fertigprodukt)
250 g Cabanossi, in Scheiben
2 EL Öl
2 Scheiben entrindetes Bauernbrot, gewürfelt
2 EL Weißweinessig
Salz, Pfeffer aus der Mühle
1 grüne Paprikaschote, gewürfelt
1 Bund Schnittlauch, in Röllchen

1. Farmersalat in eine Schüssel füllen. Cabanossischeiben im heißen Öl knusprig ausbraten und herausnehmen, dann die Brotwürfel darin knusprig braten.

2. Öl in der Pfanne mit Essig, Salz und Pfeffer verrühren und mit Paprikawürfeln und Schnittlauch unter den Salat heben.

3. Je zwei Drittel der Cabanossischeiben und Brotwürfel unter den Salat mischen. Den Rest darauf streuen.

Zubereitungszeit ca. 20 Minuten
Pro Portion ca. 2493 kJ / 596 kcal
E: 12 g, F: 50 g, KH: 24 g

Weißkrautsalat mit Räucherlachs

Zutaten für 4 Personen

150 g Crème fraîche
2 TL süßer Senf
Saft von ½ Zitrone
1 kleine Knoblauchzehe
1 Schalotte, fein gehackt
Salz, Pfeffer aus der Mühle
1 Msp. Cayennepfeffer
500 g Weißkrautsalat (Fertigprodukt)
250 g Räucherlachs, in Scheiben
1 rosa Grapefruit, filetiert

1. Crème fraîche mit Senf und Zitronensaft verrühren. Knoblauch dazupressen, Schalotte zufügen und mit Salz, Pfeffer und Cayennepfeffer würzen. Die Sauce unter den Weißkrautsalat mischen und kurz durchziehen lassen.

2. Lachs in schmale Streifen schneiden und mit den Grapefruitfilets unter den Salat heben.

Zubereitungszeit ca. 25 Minuten
Pro Portion ca. 1230 kJ / 300 kcal
E: 15 g, F: 18 g, KH: 16 g

Bohnensalat mit Rucola und Salami

Zutaten für 4 Personen

2 kleine Dosen große, italienische Bohnenkerne (à 425 ml)
1 kleine Stange Porree
1 Möhre
1 Schalotte
1 Knoblauchzehe
einige Zweige frischer Majoran
3 EL Olivenöl
30 ml Gemüsebrühe (Instant)
4 EL Weißweinessig
2 EL Zitronensaft
Salz, weißer Pfeffer aus der Mühle
1 großes Bund Rucola (Rauke)
200 g Salami im Naturdarm, in hauchdünnen Scheiben

1. Die Bohnen in ein Sieb geben, kurz kalt abspülen und abtropfen lassen. Den Porree putzen, waschen und in feine Ringe schneiden. Die Möhre putzen, schälen, waschen und in feine Würfel schneiden. Schalotte und Knoblauch schälen und ebenfalls fein würfeln. Majoran waschen und trockentupfen, die Blättchen abstreifen.

2. Das Öl in einer Pfanne erhitzen. Schalotte, Knoblauch und Majoran darin andünsten. Möhren und Porree zugeben, etwa 1 Minute dünsten. Mit Brühe, Essig und Zitronensaft ablöschen. Bohnen zugeben. Alles mit Salz und Pfeffer kräftig würzen, abkühlen lassen.

3. Den Rucola waschen und trockentupfen, die dicken Stiele abschneiden und die Blätter in mundgerechte Stücke zupfen.

4. Den Bohnensalat nochmals mit Salz und Pfeffer abschmecken. Auf Tellern mit der Rauke und den Salamischeiben anrichten. Dazu passt italienisches Weißbrot.

Zubereitungszeit ca. 30 Minuten
*Pro Portion ca. 1450 kJ / 350 kcal
E: 19 g, F: 23 g, KH: 17 g*

Variation
Der Salat schmeckt auch mit Kichererbsen sehr gut. Am schnellsten geht's, wenn Sie bereits gegarte aus der Dose verwenden.

Gabelspaghettisalat mit Chicorée, Orangen und Lachs (Foto)

Zutaten für 4 Personen

500 g Gabelspaghetti, Salz
1 Zwiebel, gewürfelt
2 EL milder körniger Senf
6 EL Orangensaft
6–8 EL Weißweinessig
1/2 EL flüssiger Honig
8 EL Traubenkernöl
Pfeffer aus der Mühle
3 Chicoréekolben
4 Orangen (davon 2 unbehandelt)
350 g gebeizter Lachs, in Scheiben
1 Bund Dill, gehackt

1. Nudeln nach Packungsanweisung in Salzwasser bissfest garen, abgießen, abschrecken und abtropfen lassen. Zwiebel mit Senf, Orangensaft, Essig und Honig verrühren. Öl unterschlagen und mit Salz und Pfeffer abschmecken.

2. Staudenende vom Chicorée abschneiden, Chicorée waschen und trockentupfen, 9 Blätter beiseite legen, Rest in Streifen schneiden. Von den 2 unbehandelten Orangen Zesten von der Schale reißen, alle Orangen filetieren. Lachs in Streifen schneiden. Nudeln mit Orangenfilets, Lachs- und Chicoréestreifen mischen und die Sauce unterheben. Mit Chicoréeblättern, Orangenzesten und Dill garniert servieren.

Zubereitungszeit ca. 30 Minuten
Pro Portion ca. 3540 kJ / 850 kcal
E: 35 g, F: 30 g, KH: 106 g

Züricher Shipli-Salat

Zutaten für 4 Personen

250 g „Shipli"-Nudeln
Salz, 2 EL Essig
1/2 EL gemischte gehackte Kräuter
Pfeffer aus der Mühle, 4 EL Öl
100 g TK-Möhren, aufgetaut und gewürfelt
150 g Emmentaler, gewürfelt
150 g gekochter Schinken, gewürfelt
100 g TK-Erbsen, aufgetaut
100 g Mini-Champignons (a. d. Dose), abgetropft

1. Shipli nach Packungsanweisung in Salzwasser bissfest garen, abgießen, abschrecken und abtropfen lassen. Für die Vinaigrette Essig mit Kräutern, Salz und Pfeffer verrühren, Öl unterschlagen.

2. Nudeln mit restlichen Salatzutaten mischen, die Vinaigrette unterziehen und gut durchziehen lassen.

Zubereitungszeit ca. 20 Minuten
Pro Portion ca. 2230 kJ / 530 kcal
E: 29 g, F: 25 g, KH: 47 g

Italienischer Nudelsalat mit Bohnen

Zutaten für 4 Personen

200 g Spiralnudeln

Salz

1 kleine Dose weiße Bohnen (400 g)

je 1/2 rote und grüne Paprikaschote

2 Tomaten

10 schwarze Oliven

1/2 Bund Petersilie

75 g scharfe italienische Salami, in Scheiben

1 TL Dijonsenf

2 EL Balsamicoessig

1 Knoblauchzehe

100 ml Olivenöl

Pfeffer aus der Mühle

1. Nudeln nach Packungsanweisung in Salzwasser bissfest garen, abgießen, mit kaltem Wasser abschrecken und abtropfen lassen.

2. Inzwischen die Bohnen in einem Sieb abtropfen lassen. Die Paprika putzen, waschen, entkernen und in Streifen schneiden. Die Tomaten waschen, vom Stielansatz befreien und in Achtel schneiden. Die Oliven entkernen und halbieren. Die Petersilie waschen, trockentupfen und die Blättchen fein hacken. Die Salami in Streifen schneiden. Alle vorbereiteten Zutaten in einer großen Schüssel vermengen.

3. Für die Salatsauce Senf und Essig verrühren. Den Knoblauch schälen, durchpressen und dazugeben. Zum Schluss das Olivenöl ganz langsam unterschlagen bis die Salatsauce sämig wird. Mit Salz und Pfeffer abschmecken.

4. Salat mit der Sauce übergießen und kurz ziehen lassen.

Zubereitungszeit ca. 30 Minuten
*Pro Portion ca. 2310 kJ / 550 kcal
E: 15 g, F: 35 g, KH: 44 g*

Tipp
Servieren Sie dazu in dicke Scheiben geschnittenes italienisches Weißbrot, das mit etwas erstklassigem Olivenöl beträufelt und unter dem Grill kurz geröstet wird.

Gemüse-Erdnuss-Suppe mit Kreuzkümmel (Foto)

Zutaten für 4 Personen

1 Zwiebel, fein gewürfelt

125 g Porree, in Ringen

1 TL Kreuzkümmelsamen

2 EL Erdnussöl

600 g Kartoffeln, gewürfelt

450 g Möhren, gewürfelt

100 g Erdnüsse, gehackt

1 l Gemüsebrühe (Instant)

Salz, grob gestoßener schwarzer Pfeffer

50 g gehackte glatte Petersilie

1. Zwiebel und Porree mit Kreuzkümmel im heißen Öl einige Minuten anbraten.

2. Kartoffeln, Möhren, Erdnüsse und Brühe zufügen, alles mit Salz und Pfeffer würzen. Zugedeckt 12–15 Minuten garen, bis die kleineren Kartoffelwürfel zerkochen und die Suppe andicken. Petersilie unterrühren, eventuell noch etwas Wasser zufügen und heiß servieren.

Zubereitungszeit ca. 30 Minuten
Pro Portion ca. 1620 kJ / 386 kcal
E: 12 g, F: 20 g, KH: 34 g

Gemüse mit Käsesauce

Zutaten für 4 Personen

4 weiße Rübchen

300 g Möhren

2 Fenchelknollen

je 1 grüne und gelbe Zucchini

800 g TK-Brokkoli, aufgetaut

Salz

150 g Edelcreme (Schmelzkäse)

250 ml süße Sahne

weißer Pfeffer aus der Mühle

frisch geriebene Muskatnuss

1. Gemüse putzen und waschen. Rübchen und Möhren schälen und in Scheiben schneiden. Fenchel, Zucchini und Brokkoli in mundgerechte Stücke schneiden. Gemüse in kochendem Salzwasser in etwa 8 Minuten bissfest garen.

2. Inzwischen Käse in einem Topf unter Rühren in der Sahne auflösen, mit Salz, Pfeffer und Muskat abschmecken. Gemüse abgießen und gut abtropfen lassen, dann mit der Sauce servieren.

Zubereitungszeit ca. 30 Minuten
Pro Portion ca. 1670 kJ / 400 kcal
E: 17 g, F: 28 g, KH: 20 g

Köstliches für zwischendurch

Apfel-Sandwich (Foto)

Zutaten für 4 Personen

80 g Radicchio

4 Salatblätter

1 Apfel (ca. 150 g)

4 Scheiben dunkles Vollkornbrot (à ca. 50 g)

60 g Mandel-Karotten-Pastete (a. d. Reformhaus)

4 Scheiben helles Vollkornbrot (à ca. 50 g)

2 TL Margarine

200 g Porree-Apfel-Salat (Fertigprodukt a. d. Reformhaus)

1. Radicchio und Salatblätter putzen, waschen und trockenschleudern. Radicchio in schmale Streifen schneiden. Den Apfel waschen, vierteln, entkernen und in Spalten schneiden.

2. Dunkles Vollkornbrot mit Mandel-Karotten-Pastete bestreichen. Mit Radicchio und Apfelspalten belegen. Helle Brotscheiben mit Margarine bestreichen und mit Salatblättern belegen. Porree-Apfel Salat darauf verteilen. Helle Brotscheiben auf die dunklen Scheiben legen.

Zubereitungszeit ca. 15 Minuten
Pro Portion ca. 1936 kJ / 464 kcal
E: 10 g, F: 26 g, KH: 45 g

Gespicktes Pfefferbaguette

Zutaten für 4 Personen

2 Baguette-Brötchen

20 g weiche Butter

Pfeffer aus der Mühle

12 Schmelzkäse-Scheiben

12 Scheiben Frühstücksspeck

1 große Zwiebel, in Ringen

1. Brötchen der Länge nach je dreimal tief einschneiden. Butter mit Pfeffer verrühren und in die Einschnitte streichen.

2. Schmelzkäse-Scheiben diagonal halbieren. Dazwischen je 1 Scheibe Frühstücksspeck und einige Zwiebelringe legen und in die Einschnitte stecken. Baguettes unter dem Backofengrill überbacken, bis die Käsescheiben geschmolzen sind.

Zubereitungszeit ca. 20 Minuten
Pro Portion ca. 4160 kJ / 994 kcal
E: 20 g, F: 90 g, KH: 34 g

Bananen-Huhn-Snack (Foto)

Zutaten für 4 Personen

300 g Hähnchenbrustfilet

Salz, Pfeffer aus der Mühle

1 EL Öl zum Braten

12 Scheiben Stangenbrot

20 g Halbfettmargarine zum Bestreichen

12 Kirschtomaten

2 Bananen

12 bunte Cocktailspieße

1. Hähnchenfilet salzen und pfeffern. Im heißen Öl goldbraun braten, abkühlen lassen und in 12 Scheiben schneiden.

2. Brot mit Margarine bestreichen. Tomaten waschen, Bananen schälen und in Scheiben schneiden. Das Brot mit Hähnchen- und Bananenscheiben belegen, Tomaten auf Spießchen stecken und dann auf den Hähnchen-Snacks feststecken.

Zubereitungszeit ca. 15 Minuten
Pro Portion ca. 1200 kJ / 288 kcal
E: 22 g, F: 7 g, KH: 32 g

Bruschetta mit Mandel-Ziegenkäse

Zutaten für 4 Personen

1 Knoblauchzehe, gehackt

8 EL Olivenöl

4 Scheiben italienisches Weißbrot

200 g Ziegenfrischkäse

1 Bund Basilikum, gehackt

200 g Tomaten, entkernt und gewürfelt

1 Prise getr. Oregano

Salz, Pfeffer aus der Mühle

100 g Mandelblättchen

1. Knoblauch mit 4 Esslöffeln Öl verrühren, auf die Brote streichen. Unter dem Backofengrill 2–3 Minuten toasten. Backofen auf 200 °C vorheizen.

2. Ziegenkäse zu einer Rolle formen und in 4 Stücke schneiden; kühl stellen. Basilikum, Tomaten und Oregano mischen, salzen und pfeffern.

3. $2/3$ der Mandeln grob hacken. Ziegenkäse darin wälzen, auf die Brote setzen und im Backofen 5 Minuten erwärmen. Mit der Tomaten-Basilikum-Sauce anrichten und den restlichen Mandelblättchen dekorieren.

Zubereitungszeit ca. 20 Minuten
Pro Portion ca. 2260 kJ / 540 kcal
E: 20 g, F: 46 g, KH: 13 g

Käse-Birnen-Toasts (Foto)

Zutaten für 4 Personen

4 große Scheiben Weizenbrot

2 EL gehackte Haselnüsse

300 g Schmelzkäse „Kräuter"

1 Bund Rucola (Rauke), gewaschen und geputzt

2 kleine Birnen, in Spalten

2 TL Balsamicoessig

Pfeffer aus der Mühle

1. Brot toasten, Haselnüsse in einer Pfanne ohne Fett rösten. Brote mit der Hälfte des Schmelzkäses bestreichen, übrigen Käse mit den Nüssen mischen.

2. Die Hälfte des Rucola und die Birnenspalten auf den Broten verteilen, mit Essig beträufeln und mit Pfeffer würzen. Nuss-Käse-Masse darauf verteilen. Toasts unter dem Backofengrill kurz überbacken, bis der Käse geschmolzen ist. Übrigen Rucola klein schneiden und darüber streuen.

Zubereitungszeit ca. 20 Minuten
*Pro Portion ca. 1110 kJ / 260 kcal
E: 11 g, F: 11 g, KH: 26 g*

Hähnchen-Sandwiches

Zutaten für 4 Personen

3 EL Pinienkerne

100 g Salatmayonnaise (Fertigprodukt)

100 g Magerjoghurt

2 EL Rosinen

Pfeffer aus der Mühle

120 g Bonbel

400 g Hähnchenbrustfilet, gegart

einige Blätter Römersalat, gewaschen

8 Scheiben Toastbrot

1. Pinienkerne in einer Pfanne ohne Fett goldbraun rösten. Mayonnaise und Joghurt verrühren. Pinienkerne und Rosinen zufügen und pfeffern.

2. Käse und Hähnchenfleisch in Scheiben schneiden. Salat in Stücke zupfen. Toastscheiben mit der Mayonnaisemischung bestreichen. 4 Brote mit Hähnchen, Käse und Salat belegen und die übrigen Brotscheiben darauf setzen.

Zubereitungszeit ca. 30 Minuten
*Pro Portion ca. 2260 kJ / 540 kcal
E: 38 g, F: 26 g, KH: 39 g*

Geröstetes Baguette mit Feigen und Pfefferschinken (Foto)

Zutaten für 4 Personen

1 kleines Baguette

2 Knoblauchzehen, zerdrückt

4 EL Olivenöl

Salz

4 Feigen

100 g französischer Pfefferschinken, hauchdünn geschnitten

400 g Bonbel, am Stück

einige Blätter Zitronenmelisse zum Garnieren

1. Baguette in etwa 1½ cm dicke Scheiben schneiden. Knoblauch im heißen Öl andünsten, Brotscheiben darin von beiden Seiten anrösten, dann leicht salzen.

2. Feigen abspülen, trockentupfen und in Viertel schneiden. Schinkenscheiben eventuell halbieren und auf den Brotscheiben anrichten. Käse in dicke Würfel schneiden (oder mit Ausstechformen ausstechen), auf dem Schinken anrichten. Mit Feigenvierteln und Melisseblättchen garnieren.

Zubereitungszeit ca. 20 Minuten
Pro Portion ca. 2580 kJ / 620 kcal
E: 33 g, F: 36 g, KH: 40 g

Fruchtige Schlemmer-Baguettes

Zutaten für 4 Personen

je 1 Knoblauch- und Röstzwiebel-Butter-Baguette (a. d. Kühlregal, à 175 g)

80 g Ziegenkäse

2 Feigen, in dünnen Scheiben

200 g Camembert, in dünnen Scheiben

1 Pfirsich, in Spalten

4 Scheiben Serrano-Schinken

½ Honigmelone, in dünnen Spalten

Johannisbeerrispen zum Garnieren

1. Baguettes nach Packungsanweisung zubereiten und aufschneiden. Ziegenkäse fein zerdrücken und ein Drittel der Baguettescheiben damit belegen. Feigenscheiben darauf verteilen.

2. Camembertscheiben und Pfirsichspalten auf dem zweiten Drittel der Baguettescheiben anrichten.

3. Serrano-Schinken und Melonenspalten auf die verbleibenden Baguettescheiben verteilen. Mit Johannisbeeren garniert servieren.

Zubereitungszeit ca. 30 Minuten
Pro Portion ca. 2350 kJ / 560 kcal
E: 33 g, F: 31 g, KH: 38 g

Rettich-Quark (Foto)

Zutaten für 4 Personen

250 g Magerquark

3 EL saure Sahne

2 rote Rettiche, grob geraspelt

Kräutersalz, Pfeffer aus der Mühle

1. Quark mit saurer Sahne verrühren, Rettich unterheben und mit Kräutersalz und Pfeffer würzen. Schmeckt zu Vollkornbrot.

Zubereitungszeit ca. 10 Minuten
*Pro Portion ca. 340 kJ / 80 kcal
E: 10 g, F: 3 g, KH: 4 g*

Romadur-Quark

Zutaten für 4 Personen

125 g reifer Romadurkäse, fein gewürfelt

250 g Quark (20 % Fett)

100 g Butter in Flöckchen

Kräutersalz

1 EL Kümmelsamen

1. Käsewürfel, Quark, Butterflöckchen und Gewürze locker miteinander vermengen. Schmeckt zu Pellkartoffeln oder auf Bauernbrot.

Zubereitungszeit ca. 10 Minuten
*Pro Portion ca. 1420 kJ / 340 kcal
E: 14 g, F: 31 g, KH: 3 g*

Meerrettich-Quark

Zutaten für 4 Personen

1 Apfel, fein geraspelt

einige Tropfen Zitronensaft

5 EL frisch geriebener Meerrettich

250 g Sahnequark

Salz, Pfeffer aus der Mühle

1. Apfel mit Zitronensaft beträufeln, mit Meerrettich und Quark verrühren und mit Salz und Pfeffer abschmecken. Schmeckt als Dip zu Gemüse oder auf Vollkornbrot.

Zubereitungszeit ca. 10 Minuten
*Pro Portion ca. 490 kJ / 120 kcal
E: 6 g, F: 7 g, KH: 8 g*

Erdbeer-Quark (auf Foto links)

Zutaten für 4 Personen

250 g Erdbeeren
4 EL Zucker
Pfeffer aus der Mühle
350 g Sahnequark
20 ml Erdbeerlikör

1. Erdbeeren waschen, trockentupfen, entstielen und halbieren. Mit dem Zucker bestreuen und etwa 10 Minuten Saft ziehen lassen. Einen Hauch Pfeffer darüber geben.

2. Gewürzte Erdbeeren unter den Sahnequark heben und mit Erdbeerlikör verfeinern.

Zubereitungszeit ca. 15 Minuten
Pro Portion ca. 910 kJ / 220 kcal
E: 8 g, F: 9 g, KH: 23 g

Haferflocken-Krokant-Quark (auf Foto rechts)

Zutaten für 4 Personen

4 EL Zucker
6 EL kernige Haferflocken
125 ml süße Sahne
1 EL Zitronat
250 g Quark (20 % Fett)
2 EL Rosinen
Alufolie

1. 2 Esslöffel Zucker in einer Pfanne zerlassen. Haferflocken zugeben und so lange erhitzen, bis der Zucker braun wird. Den Haferflocken-Krokant auf Alufolie streichen. Nach dem Auskühlen in kleine Stücke schneiden.

2. Die Sahne cremig, nicht steif schlagen. Das Zitronat fein würfeln. Quark, Sahne, Krokant, Zitronat, Rosinen und restlichen Zucker gut verrühren.

Zubereitungszeit ca. 20 Minuten
Pro Portion ca. 1290 kJ / 310 kcal
E: 10 g, F: 14 g, KH: 36 g

Scharfe Spaghetti mit Rucola

Zutaten für 4 Personen

3 rote Chilischoten

1 Bund Rucola (Rauke)

750 g Spaghetti

Salz

6 EL Olivenöl

2 Knoblauchzehen, zerdrückt

1 TL Kapern

2 TL abgeriebene Schale einer unbehandelten Zitrone

3 TL Essig-Essenz

80 g frisch gehobelter Parmesan

8 Scampi, geschält und entdarmt

grob zerstoßener Pfeffer

1. Die Chilischoten putzen, waschen, entkernen und in feine Scheibchen schneiden. Den Rucola waschen, trockentupfen, die harten Stiele abschneiden und die Blätter grob hacken.

2. Spaghetti nach Packungsanweisung in sprudelndem Salzwasser 8–10 Minuten bissfest garen, abgießen und abtropfen lassen.

3. Inzwischen 4 Esslöffel Olivenöl in einer großen Kasserolle stark erhitzen. Zerdrückten Knoblauch und Kapern zugeben und etwa 1 Minute dünsten. Chilischeibchen, Zitronenschale und Essig-Essenz zugeben und etwa 1 weitere Minute schmoren. Spaghetti, Rauke und Parmesan in das Knoblauch-Chili-Öl geben, gut vermischen. In der Kasserolle warm halten.

4. Restliches Olivenöl erhitzen, Scampi darin kurz anbraten, bis sie eine rötliche Farbe angenommen haben. Die Spaghetti mit der scharfen Sauce auf Teller verteilen, die Scampi dekorativ darauf anrichten. Mit Pfeffer bestreut servieren.

Zubereitungszeit ca. 30 Minuten
*Pro Portion ca. 4120 kJ / 980 kcal
E: 47 g, F: 29 g, KH: 131 g*

Tipp
Die Kernchen der Chilischoten sind höllisch scharf und enthalten ein ätherisches Öl, das die Schleimhäute reizt. Daher sollte man zum Entkernen der Chilis Gummihandschuhe tragen oder anschließend die Hände gründlich waschen.

Gemüse-Bandnudeln mit cremiger Knoblauchsauce (Foto)

Zutaten für 4 Personen

250 g Bandnudeln, Salz

je 250 g Möhren und Zucchini, mit einem Sparschäler längs in Scheiben geschnitten

1 Zwiebel, fein gehackt

2 Knoblauchzehen, in Scheiben

1 EL Olivenöl, 1 EL Mehl

200 ml Gemüsebrühe (Instant)

150 g Brunch

Pfeffer aus der Mühle

1 Prise Zucker

1 Bund Basilikum

1. Nudeln nach Packungsanweisung in Salzwasser bissfest garen. 5 Minuten vor Ende der Garzeit das Gemüse zufügen.

2. Zwiebel und Knoblauch in Öl andünsten, mit Mehl bestäuben, durchschwitzen lassen. Unter Rühren mit Brühe ablöschen, kurz aufkochen. Brunch unterrühren, mit Salz, Pfeffer und Zucker abschmecken. Basilikum waschen, trockenschütteln, fein schneiden und unterheben.

3. Nudeln und Gemüse abgießen, abtropfen lassen und auf Tellern mit der Sauce anrichten.

Zubereitungszeit ca. 30 Minuten
*Pro Portion ca. 762 kJ / 183 kcal
E: 8 g, F: 6 g, KH: 25 g*

Spätzle mit geräucherter Forelle und Meerrettichsauce

Zutaten für 4 Personen

500 g Spätzle, Salz

1 kleine Stange Porree, in feinen Streifen

3–4 mittelgroße Möhren, in feinen Streifen

150 g Zuckerschoten, geputzt

10 g Butter, 100 ml Weißwein

400 ml süße Sahne

Pfeffer aus der Mühle

2 geräucherte Forellenfilets

2 EL geriebener Meerrettich

1. Spätzle nach Packungsanweisung in Salzwasser garen, anschließend abgießen und abtropfen lassen.

2. Gemüse in Butter kurz andünsten, dann mit dem Wein ablöschen. Flüssigkeit bei großer Hitze stark einkochen lassen. Die Sahne zugeben, sämig kochen und mit Salz und Pfeffer abschmecken. Forellenfilets in Stücke schneiden, mit dem Meerrettich unterziehen. Spätzle mit der Sauce servieren.

Zubereitungszeit ca. 30 Minuten
*Pro Portion ca. 2261 kJ / 540 kcal
E: 17 g, F: 39 g, KH 27 g*

Korkenziehernudeln mit Rinderfilet, Porree und Pilzen

Zutaten für 4 Personen

300 g Rinderfilet

4 EL Sojasauce

2 EL Sherry

1 Stange Porree

250 g Champignons

400 g Korkenziehernudeln

Salz

2 EL Sonnenblumenöl

1 TL gehackter Ingwer

200 ml Weißwein

Pfeffer aus der Mühle

½ Bund Schnittlauch

1. Das Rinderfilet in hauchdünne Scheiben schneiden und in der Sojasauce und dem Sherry etwa 20 Minuten marinieren.

2. Inzwischen den Porree putzen, längs vierteln, waschen und in 2 cm lange Stücke schneiden. Die Champignons putzen und in Scheiben schneiden.

3. Die Nudeln nach Packungsanweisung in Salzwasser bissfest garen, dann abgießen, abschrecken und abtropfen lassen.

4. Inzwischen das Sonnenblumenöl in einer Pfanne erhitzen und die Filetscheiben darin portionsweise jeweils etwa 1 Minute anbraten.

5. Das Fleisch aus der Pfanne nehmen, in dem Bratfond Porree, Ingwer und Pilze knackig anbraten und mit Weißwein ablöschen.

6. Das Fleisch zum Gemüse in die Pfanne geben, mit Salz und Pfeffer abschmecken. Fleisch und Gemüse auf den Nudeln anrichten und mit Schnittlauch bestreut servieren.

Zubereitungszeit ca. 30 Minuten
*Pro Portion ca. 2340 kJ / 560 kcal
E: 32 g, F: 11 g, KH: 71 g*

Tipp
Vegetarier ersetzen das Rinderfilet durch in hauchdünne Scheiben geschnittenen Tofu, der ebenfalls mariniert werden sollte.

Zitronen-Spaghettini mit Ingwer (Foto)

Zutaten für 4 Personen

520 g Spaghettini
Salz
1 Stück Ingwerwurzel (ca. 1½ cm lang)
½ Bund Frühlingszwiebeln
100 g Kräuter-Butter Zitrone-Petersilie (Fertigprodukt)
grob geschroteter Pfeffer

1. Spaghettini nach Packungsanweisung in Salzwasser bissfest garen, abgießen und abtropfen lassen. Ingwer schälen und sehr fein reiben. Frühlingszwiebeln putzen, waschen und grob hacken.

2. Kräuter-Butter zerlassen, Zwiebeln und Ingwer darin andünsten. Die Nudeln hinzugeben, gut durchschwenken und mit Salz und Pfeffer abschmecken.

Zubereitungszeit ca. 20 Minuten
Pro Portion ca. 2456 kJ / 587 kcal
E: 16 g, F: 17 g, KH: 90 g

Bandnudeln mit Specksauce

Zutaten für 4 Personen

500 g Bandnudeln
Salz
1 Thymianzweig
2 EL Kapern
2 Bund Frühlingszwiebeln
100 g Speckstreifen
2 EL Öl
3 EL Sherryessig
400 ml Kalbsfond (a. d. Glas)
50 g kalte Butter, in Flöckchen
Pfeffer aus der Mühle

1. Nudeln nach Packungsanweisung in Salzwasser bissfest garen. Thymian waschen, Blättchen abzupfen. Kapern grob hacken. Frühlingszwiebeln putzen, waschen und in schräge Scheiben schneiden.

2. Speck im Öl goldbraun braten, Frühlingszwiebeln 1 Minute mitbraten. Mit Essig ablöschen, ganz einkochen lassen, Fond angießen. Bei großer Hitze auf die Hälfte einkochen lassen und Butter unterrühren. Kapern und Thymian zugeben, pfeffern.

3. Die Nudeln abgießen, abtropfen lassen und mit der Specksauce anrichten.

Zubereitungszeit ca. 30 Minuten
Pro Portion ca. 1997 kJ / 477 kcal
E: 8 g, F: 33 g, KH: 38 g

Bandnudeln auf chinesische Art

Zutaten für 4 Personen

1 kleine Dose Champignons
1 kleine Dose junge Erbsen
1/2 Dose Bambussprossen
1/2 Glas Sojasprossen
je 1 rote und grüne Paprikaschote
250 g Bandnudeln
Salz
1 große Zwiebel
2 EL Sesamöl
400 g Hähnchenbrustfilet
2 EL Sake (japanischer Reiswein)
125 ml Brühe (Instant)
1 Msp. Sambal Oelek
3 EL Sojasauce
Pfeffer aus der Mühle
Currypulver
2 EL Cashewkerne

1. Champignons, Erbsen, Bambus- und Sojasprossen in einem Sieb abgießen. Die Paprikaschoten putzen, waschen, entkernen und würfeln.

2. Die Bandnudeln nach Packungsanweisung in Salzwasser bissfest garen, dann abgießen und abtropfen lassen.

3. Die Zwiebel schälen, würfeln und im heißen Öl in einer großen Pfanne oder einem Wok andünsten. Das Hähnchenbrustfilet zu den Zwiebelwürfeln geben und anbraten. Mit Sake ablöschen und die Brühe zugießen.

4. Das vorbereitete Gemüse in die Pfanne geben. 10 Minuten dünsten lassen, mit Sambal Oelek, Sojasauce, Salz, Pfeffer und Currypulver abschmecken. Cashewkerne ohne Fett in einer Pfanne rösten.

5. Die Bandnudeln zugeben und kurz noch einmal mit erhitzen. Mit Cashewkernen bestreut servieren.

Zubereitungszeit ca. 35 Minuten
*Pro Portion ca. 2050 kJ / 490 kcal
E: 39 g, F: 11 g, KH: 54 g*

Tipp
Zum Zubereiten solcher Pfannengerichte ist ein Wok ideal: Er bietet genügend Platz, so dass beim Wenden nichts herausfällt. Bereits gegarte Zutaten können an den Rand geschoben und dort warm gehalten werden.

Bunte Nudel-Gemüsepfanne (Foto)

Zutaten für 4 Personen

500 g „Trulli"-Nudeln, Salz
1 rote Paprikaschote
1 Zucchini, ½ Aubergine
150 g Champignons
2 Möhren
1 Knoblauchzehe, gewürfelt
1 Zwiebel, gewürfelt
2 EL Öl zum Braten
50 g Maiskörner (a. d. Dose), abgetropft
1 Glas Nudel up Pikante Sauce (250 ml)
Pfeffer aus der Mühle
Cayennepfeffer
200 g Schafkäse, gewürfelt

1. Nudeln nach Packungsanweisung in Salzwasser bissfest garen, abgießen und abtropfen lassen.

2. Frisches Gemüse putzen und waschen. Paprika halbieren, entkernen und in Streifen schneiden. Zucchini und Aubergine in Würfel, Champignons in Scheiben schneiden. Möhren schälen und ebenfalls in Scheiben schneiden. Knoblauch und Zwiebel im heißen Öl andünsten. Gemüse zufügen, etwas Wasser angießen und bei milder Hitze etwa 5 Minuten garen.

3. Sauce zufügen, etwas einkochen lassen, mit Salz, Pfeffer und Cayenne würzen. Schafkäse zusammen mit den Nudeln unterheben.

Zubereitungszeit ca. 30 Minuten
Pro Portion ca. 2890 kJ / 690 kcal
E: 30 g, F: 20 g, KH: 96 g

Möhren-Zucchini-Nudeln mit Nuss-Käse-Sauce

Zutaten für 4 Personen

30 g gem. Haselnüsse
1 EL Butter
50 ml Gemüsebrühe (Instant)
200 g Schmelzkäse
Saft von ½ Orange
300 g Nudeln
Salz
1 Möhre
1 kleine Zucchini

1. Die Nüsse in der Butter rösten und mit Brühe ablöschen. Schmelzkäse und Orangensaft zugeben und etwas einköcheln lassen.

2. Inzwischen Nudeln nach Packungsanweisung in Salzwasser bissfest garen. Möhre und Zucchini putzen, waschen und mit einem Sparschäler längs in feine Streifen schneiden. 4 Minuten vor Ende der Garzeit zugeben.

3. Nudeln und Gemüse abgießen, abtropfen lassen und mit der Nuss-Käse-Sauce anrichten.

Zubereitungszeit ca. 25 Minuten
Pro Portion 1985 kJ / 475 kcal
E: 18 g, F: 20 g, KH: 55 g

Feine Fleisch- & Geflügelgerichte

Currygeschnetzeltes vom Schwein (Foto)

Zutaten für 4 Personen

250 g Brokkoli, in Röschen

Salz

500 g Schweinefleisch aus der Oberschale, geschnetzelt

20 g Butterschmalz

1 Zwiebel, fein gewürfelt

2 gehäufte TL Curry

200 ml Rinderfond (a. d. Glas)

125 g Schmand

1. Brokkoli 2 Minuten in kochendem Salzwasser blanchieren, abschrecken und abtropfen lassen. Schweinefleisch in 10 g heißem Butterschmalz in einer Kasserolle kross braten. Herausnehmen und warm stellen.

2. Zwiebel im restlichen Fett glasig dünsten. Curry zufügen und etwas Farbe annehmen lassen. Mit Rinderfond ablöschen und Schmand unterrühren. Brokkoli und Fleisch zugeben. Etwa 4 Minuten köcheln lassen. Dazu passen Kartoffel-Rösti und grüner Salat.

Zubereitungszeit ca. 25 Minuten
Pro Portion ca. 1220 kJ / 290 kcal
E: 32 g, F: 17 g, KH: 3 g

Schweinegeschnetzeltes mit Äpfeln

Zutaten für 4 Personen

800 g Schweinefleisch aus der Oberschale, geschnetzelt

50 g Butterschmalz

Salz, Pfeffer aus der Mühle

2 Zwiebeln, fein gehackt

1 Knoblauchzehe, fein gehackt

250 ml Apfelwein

500 ml Fleischbrühe (Instant)

2 Äpfel, in Spalten

200 ml süße Sahne

1 EL gehackte Petersilie

1. Das Schweinefleisch im heißen Butterschmalz in einer Pfanne 5–7 Minuten braten. Salzen, pfeffern, herausnehmen und warm stellen.

2. Zwiebeln und Knoblauch im Bratfett dünsten und mit Apfelwein ablöschen. Fleischbrühe, Apfelspalten und Sahne zugeben, Flüssigkeit auf die Hälfte einkochen lassen. Das Schweinefleisch dazugeben und Sauce noch etwas reduzieren. Mit Petersilie bestreut servieren. Dazu passen Bandnudeln.

Zubereitungszeit ca. 30 Minuten
Pro Portion ca. 2220 kJ / 530 kcal
E: 47 g, F: 32 g, KH: 12 g

Steaks von der Hochrippe mit Tomaten (Foto)

Zutaten für 4 Personen

800 g Hochrippe (2 Scheiben à 400 g)

30 g Butterschmalz

Salz, Pfeffer aus der Mühle

1 Zwiebel, geachtelt

125 ml Fleischbrühe (Instant)

1 Knoblauchzehe, gehackt

1 große Dose geschälte Tomaten

100 ml trockener Weißwein

2 EL gehackte Kräuter

1 TL Speisestärke

1. Fleisch in einem Bräter im heißen Butterschmalz je Seite etwa 5 Minuten braten. Salzen, pfeffern, herausnehmen und warm stellen.

2. Zwiebel im Bratfett glasig dünsten, mit Fleischbrühe ablöschen und Fleisch zugeben. Knoblauch, Tomaten, Wein und Kräuter zufügen und bei milder Hitze etwa 15 Minuten köcheln.

3. Fleisch herausnehmen, Sauce mit Speisestärke binden und danach mit Pfeffer und Salz abschmecken. Das Fleisch zusammen mit der Sauce servieren.

Zubereitungszeit ca. 30 Minuten
Pro Portion ca. 1830 kJ / 440 kcal
E: 46 g, F: 24 g, KH: 6 g

Fleisch-Käse-Bällchen

Zutaten für 4 Personen

1 Brötchen vom Vortag, gewürfelt

6 EL warme Milch

1 kleine Zwiebel, gerieben

350 g gemischtes Hackfleisch

1 Ei, 1 TL getr. Majoran

Salz, Pfeffer aus der Mühle

150 g deutscher Camembert, fein gewürfelt

3 EL Haferflocken

2 EL Butterschmalz

Salatblätter, Gurkenwürfelchen, Paprikawürfelchen und Radieschen zum Garnieren

1. Brötchen in Milch einweichen und dann ausdrücken. Mit Zwiebel, Hackfleisch, Ei, Majoran, Salz und Pfeffer verkneten. Aus je 1 gehäuften Esslöffel Fleischmasse Bällchen formen. In die Mitte ein Loch drücken, mehrere Käsewürfel hineingeben, verschließen. Bällchen in Haferflocken wenden.

2. Fleischbällchen im heißen Butterschmalz in einer Pfanne rundherum braten. Auf Salatblättern anrichten und mit Gurken- und Paprikawürfeln sowie Radieschen garnieren. Dazu passen Pommes frites und grüner Salat.

Zubereitungszeit ca. 30 Minuten
Pro Portion ca. 1810 kJ / 430 kcal
E: 29 g, F: 31 g, KH: 11 g

Paprikaschnitzel (Foto)

Zutaten für 4 Personen

8 dünne Kalbs- oder Schweineschnitzel (à ca. 70 g)

Salz, Pfeffer aus der Mühle

3 EL Pflanzencreme

1 Knoblauchzehe, gewürfelt

je 1 rote, gelbe und grüne Paprikaschote, in Streifen

100 ml Gemüsebrühe (Instant)

½ Glas Ajvar (Paprika-Gewürzpaste)

100 ml süße Sahne

1 EL gehackter frischer Oregano oder 1 TL getr. Oregano

Alufolie

1. Schnitzel salzen, pfeffern und in heißer Pflanzencreme in einer Pfanne je Seite 2–3 Minuten anbraten. In Alufolie wickeln und beiseite stellen.

2. Knoblauch und Paprika im Bratfett etwa 2 Minuten dünsten, herausnehmen. Brühe, Würzpaste, Sahne und Oregano in die Pfanne geben, unter Rühren aufkochen, mit Salz und Pfeffer abschmecken. Paprika und Knoblauch sowie Schnitzel darin wieder erwärmen. Dazu passen Bandnudeln.

Zubereitungszeit ca. 25 Minuten
Pro Portion ca. 1684 kJ / 402 kcal
E: 32 g, F: 28 g, KH: 6 g

Info
Ajvar ist eine Paste aus püriertem Paprika und Öl, die aus Südosteuropa stammt und bei uns mittlerweile auch im Supermarkt zu kaufen ist. Sie schmeckt auch pur als Brotaufstrich oder als Barbecue-Sauce.

Hackfleischbällchen in Kräuterrahm

Zutaten für 4 Personen

1 Brötchen vom Vortag, in etwas Milch eingeweicht

600 g Rinderhackfleisch

1 Ei

Salz, Pfeffer aus der Mühle

1 l Fleischbrühe (Instant)

60 ml Rinderfond (a. d. Glas)

200 g saure Sahne

4 EL gehackte, gemischte Kräuter

1. Brötchen ausdrücken, mit Hackfleisch, Ei, Salz und Pfeffer verkneten und zu kleinen Bällchen formen. Brühe in einem Topf erhitzen und die Hackfleischbällchen darin 4–5 Minuten garen, herausnehmen und warm stellen.

2. Rinderfond erhitzen und saure Sahne einrühren, bei milder Hitze und unter Zugabe von etwas Fleischbrühe cremig einkochen. Kräuter zugeben und abschmecken. Die Fleischbällchen in der Sauce kurz erwärmen. Dazu passen Nudeln und Feldsalat.

Zubereitungszeit ca. 25 Minuten
Pro Portion ca. 1920 kJ / 460 kcal
E: 34 g, F: 32 g, KH: 9 g

Gebratene Rehmedaillons mit Rosenkohl

Zutaten für 4 Personen

1 kg Rosenkohl

150 g Frühstücksspeck

250 ml Brühe (Instant)

8 Rehmedaillons (à ca. 75 g)

Pfeffer aus der Mühle

1 EL Öl

100 g Kräuter-Butter (Fertigprodukt)

1. Vom Rosenkohl den Strunk abschneiden und welke Blätter entfernen. Große Röschen am Stielansatz kreuzweise einschneiden. Den Rosenkohl waschen und in einem Sieb abtropfen lassen.

2. Den Speck in Würfel schneiden und in einem Topf bei mittlerer Hitze knusprig ausbraten. Herausnehmen und beiseite stellen. Den tropfnassen Rosenkohl in das Bratfett geben, kurz anbraten und danach mit Brühe ablöschen. Zugedeckt bei geringer Hitze etwa 10 Minuten dünsten.

3. Inzwischen die Medaillons mit dem Handballen etwas flach drücken. Leicht pfeffern. Eine Pfanne stark erhitzen, Öl und 2 Esslöffel Kräuter-Butter hineingeben. Die Medaillons darin von beiden Seiten stark anbraten. Dann die Medaillons unter gelegentlichem Wenden bei mittlerer Hitze etwa 10 Minuten braten.

4. Den Speck zum Rosenkohl geben. Die restliche Kräuter-Butter in Scheiben schneiden. Die Rehmedaillons auf Teller verteilen, mit Kräuter-Butter belegen und mit dem Speck-Rosenkohl anrichten.

Zubereitungszeit ca. 35 Minuten
*Pro Portion ca. 2620 kJ / 630 kcal
E: 43 g, F: 47 g, KH: 8 g*

Tipps
Noch schneller geht's, wenn Sie tiefgekühlten Rosenkohl verwenden. Auch Rotkohl oder Brokkoli passen gut zum Rehfleisch. Eine schnelle Beilage sind Kartoffelknödel oder -brei aus der Packung.

Champignon-Curry mit Putenwurst (Foto)

Zutaten für 4 Personen

2 mittelgroße Zwiebeln, sehr fein gewürfelt

40 g Butter

600 g Champignons, in Scheiben

400 ml süße Sahne

1 Schuss Weißwein

400 g Puten-Gelbwurst, in Scheiben

3 EL gehackte glatte Petersilie

Salz, Pfeffer aus der Mühle

2 TL Currypulver

1. Zwiebeln in 20 g Butter glasig dünsten, Champignons zugeben und andünsten. Sahne und Weißwein zugießen, etwa 5 Minuten köcheln.

2. Inzwischen die Gelbwurst in der restlichen Butter leicht anbraten und mit der Petersilie zum Gemüse geben. Mit Salz, Pfeffer und Curry abschmecken. Dazu passen grüne Bandnudeln und ein italienischer Weißwein.

Zubereitungszeit ca. 25 Minuten
*Pro Portion ca. 2644 kJ / 639 kcal
E: 23 g, F: 51 g, KH: 19 g*

Würzige Hähnchenflügel

Zutaten für 4 Personen

20 Hähnchenflügel

3 EL Olivenöl

Salz

4 EL Ketschup, 2 EL Essig

Saft von 2 Limetten

2 Knoblauchzehen, durchgepresst

1 EL brauner Zucker

2 EL flüssiger Honig

1 TL Paprikapulver edelsüß

Pfeffer aus der Mühle

1 Prise Cayennepfeffer

etwas Tabascosauce

125 g Steak-&-Grill-Butter (Fertigprodukt)

1. Den Backofengrill vorheizen. Hähnchenflügel auf ein Backblech legen, mit Öl beträufeln und leicht salzen. 15 Minuten grillen.

2. Aus Ketschup, Essig, Limettensaft, Knoblauch, Zucker, Honig, Paprikapulver, Salz, Pfeffer, Cayenne und Tabasco eine Barbecue-Sauce rühren. Die Flügel während der Grillzeit alle 5 Minuten mit je einem Drittel der Sauce bestreichen.

3. Die Flügel auf einer Platte anrichten, die Steak-&-Grill-Butter in Scheiben schneiden und auf die Flügel verteilen. Dazu passen Ofenkartoffeln und ein bunter Salat.

Zubereitungszeit ca. 20 Minuten
*Pro Portion ca. 3560 kJ / 850 kcal
E: 42 g, F: 67 g, KH: 20 g*

Apfel-Bohnen-Gemüse mit Nürnberger Bratwürstchen (Foto)

Zutaten für 4 Personen

2 Zwiebeln, fein gewürfelt

2 mittelgroße Äpfel, in Spalten

5 EL Pflanzencreme mit feinwürzigem Geschmack

1 Dose weiße Bohnen (850 ml)

200 ml Rinderfond (a. d. Glas)

1 Bund Majoran

Salz, Pfeffer aus der Mühle

8 Nürnberger Bratwürstchen

1. Zwiebeln und Äpfel in 3 Esslöffeln Pflanzencreme andünsten. Bohnen abgießen und zufügen, Rinderfond angießen und das Ganze etwa 10 Minuten schmoren lassen. Majoran waschen, trockentupfen, Blättchen abzupfen und unterheben. Das Gemüse mit Salz und Pfeffer abschmecken.

2. Bratwürstchen im restlichen Fett bei mittlerer Hitze rundherum braun braten. Apfel-Bohnen-Gemüse mit den Bratwürstchen auf einer Platte anrichten. Dazu deftiges Brot reichen.

Zubereitungszeit ca. 25 Minuten
*Pro Portion ca. 3467 kJ / 828 kcal
E: 31 g, F: 68 g, KH: 26 g*

Feuertopf

Zutaten für 4 Personen

1 Dose Sauerkraut (850 ml)

30 g Butterschmalz

500 ml Gemüsebrühe (Instant)

je 1 rote und grüne Paprikaschote, in Streifen

4 Kochwürste (ca. 500 g)

1 Glas Silberzwiebeln (150 ml), abgetropft

Paprikapulver rosenscharf

Salz, Pfeffer aus der Mühle

150 g saure Sahne

1. Sauerkraut im heißen Butterschmalz andünsten. Brühe zugießen und aufkochen. Paprika, Kochwürste und Silberzwiebeln zugeben, zugedeckt etwa 15 Minuten dünsten.

2. Würste herausnehmen und in Scheiben schneiden. Sauerkraut mit Paprikapulver, Salz und Pfeffer pikant abschmecken, mit saurer Sahne verfeinern. Wurstscheiben zufügen und kurz erwärmen. Dazu passen gebratene Schupfnudeln.

Zubereitungszeit ca. 30 Minuten
*Pro Portion ca. 2740 kJ / 660 kcal
E: 25 g, F: 56 g, KH: 11 g*

Raffiniertes für Gäste

Syrischer Kartoffelsalat mit Lammhackbällchen

Zutaten für 4 Personen

2 Dosen „Kartoffel pur"
je 1 großes Bund Minze und glatte Petersilie
Saft von 1 1/2 Zitronen
1/2–1 TL Zucker
Salz, Pfeffer aus der Mühle
100 ml Olivenöl
1 kleine Zwiebel
1 Knoblauchzehe
300 g Lammhack
1 Ei
4 EL Semmelbrösel
Paprikapulver edelsüß
1 Msp. Zimt
1/2 TL gem. Kümmel
4 EL Sesamsamen
2 EL Pflanzencreme

1. „Kartoffel pur" abtropfen lassen und in eine Schüssel geben. Minze und Petersilie waschen, trockentupfen, die Blättchen abzupfen und fein hacken. Zitronensaft, Zucker, Salz und Pfeffer mit dem Olivenöl aufschlagen und zusammen mit den Kräutern unter die Kartoffeln mischen. Den Kartoffelsalat kalt stellen.

2. Zwiebel und Knoblauch schälen und fein hacken. Lammhack mit Ei, Zwiebel, Knoblauch, Semmelbröseln sowie mit 1 Teelöffel Salz, etwas Pfeffer, Paprikapulver, Zimt und Kümmel gut vermengen. Aus dem Fleischteig etwa 16 walnussgroße Bällchen formen, mit Sesamsamen bestreuen und diese andrücken.

3. Die Pflanzencreme in einer beschichteten Pfanne erhitzen und die Fleischbällchen darin bei mittlerer Hitze 10–15 Minuten rundherum knusprig braun braten. Die Lammhackbällchen auf Küchenkrepp abtropfen lassen und mit dem Kartoffelsalat anrichten. Dazu Fladenbrot servieren.

Zubereitungszeit ca. 30 Minuten
*Pro Portion ca. 2705 kJ / 647 kcal
E: 24 g, F: 43 g, KH: 40 g*

Variation

Zum Kartoffelsalat mit orientalischer Geschmacksnote passen auch Falafeln (Kichererbsenbällchen). Dazu eine Dose Kichererbsen mit 2 fein gehackten Knoblauchzehen und 1 fein gehackten Zwiebel im Mixer zu einer Paste verarbeiten und mit 1 Esslöffel Zitronensaft, 2 Esslöffeln gehackter Petersilie, Salz, Pfeffer, Chilipulver und gemahlenem Koriander abschmecken. Die Masse zu walnussgroßen Bällchen formen und in reichlich Pflanzencreme knusprig ausbacken.

Schweinefilet mit Zucchini (Foto)

Zutaten für 4 Personen

250 g Langkorn- und Wildreis-Mischung, Salz
4 große Tomaten
2 Zucchini
600 g Schweinefilet, in dünnen Scheiben
4 EL Olivenöl
Pfeffer aus der Mühle
2 Zwiebeln, gewürfelt
2 Knoblauchzehen, gewürfelt
200 ml Rotwein
4 EL Kräuter der Provence
60 g Butter
1 Bund Kerbel, gehackt

1. Reismischung in Salzwasser nach Packungsanweisung garen. Tomaten überbrühen, enthäuten, entkernen und in Spalten schneiden. Zucchini putzen, waschen, längs halbieren und in Scheiben schneiden.

2. Fleisch im heißen Öl knusprig anbraten, salzen und pfeffern. Herausnehmen, warm stellen und die Zucchini im Bratfett anbraten. Zwiebeln und Knoblauch zugeben und mit Rotwein ablöschen. Tomaten, Fleisch und Kräuter zugeben, erwärmen und abschmecken. Reis abgießen und mit Butter und Kerbel verfeinern. Mit dem Fleisch anrichten.

Zubereitungszeit ca. 30 Minuten
Pro Portion ca. 2680 kJ / 640 kcal
E: 40 g, F: 26 g, KH: 54 g

Indonesisches Reisfleisch

Zutaten für 4 Personen

125 g Spitzen-Langkorn-Reis
Salz
500 g Schweinefleisch, geschnetzelt
Pfeffer aus der Mühle
2 EL Öl
4 EL Sojasauce
1 EL Weinessig, Zucker
1 große Stange Porree, in dünnen Streifen
1 große Möhre, in dünnen Streifen
Worcestersauce

1. Reis in Salzwasser nach Packungsanweisung garen. Schweinefleisch mit Pfeffer und Salz würzen.

2. Schweinefleisch im heißen Öl von allen Seiten anbraten. Mit Sojasauce, Weinessig und 1 Prise Zucker würzen. Porree und Möhre zugeben und kurz mitbraten. Mit 125 ml Wasser ablöschen und alles etwa 5 Minuten schmoren lassen. Zum Schluss mit Worcestersauce abschmecken. Reis abgießen und abtropfen lassen und mit dem Fleisch anrichten.

Zubereitungszeit ca. 30 Minuten
Pro Portion ca. 1500 kJ / 360 kcal
E: 31 g, F: 13 g, KH: 29 g

Feines Kokoscurry

Zutaten für 4 Personen

500 g Hähnchenbrustfilet

Salz, Pfeffer aus der Mühle

1 Baby-Ananas

1 kleine Mango

1 kleine rote Paprikaschote

1 Zwiebel

1 Knoblauchzehe

2 EL Öl

1 EL Sesamöl

1 Dose Kokosnussmilch (165 ml)

200 ml Geflügelfond (a. d. Glas)

150 g Frischkäse mit feinem Knoblauch

1 getr. Chilischote

je 1 Msp. Kreuzkümmel, gem. Ingwer, Anis, Kurkuma

Sojasauce

1/2 Bund Koriander, gehackt

50 g frisches Kokosnussfleisch

1. Das Fleisch in mundgerechte Würfel schneiden, salzen und pfeffern. Die Ananas schälen, erst in Scheiben, dann in Stücke schneiden. Die Mango ebenfalls schälen, das Fruchtfleisch in Spalten vom Stein schneiden und dann in Stücke schneiden. Die Paprikaschote putzen, waschen, entkernen und würfeln. Zwiebel und Knoblauch schälen und fein hacken.

2. Das Öl in einer Pfanne erhitzen und das Fleisch darin rundherum anbraten. Zwiebel, Knoblauch und Paprikawürfel zufügen und andünsten. Mit Kokosnussmilch und Geflügelfond ablöschen. Alles kurz aufkochen lassen, dann den Käse zufügen und unter Rühren schmelzen.

3. Das Obst hineingeben. Die getrocknete Chilischote zerstoßen und mit den restlichen Gewürzen zufügen. Das Kokoscurry mit Sojasauce abschmecken. Zum Schluss den gehackten Koriander unterheben. Das Kokosnussfleisch grob raspeln.

4. Das Kokoscurry auf Tellern anrichten und mit Kokosraspeln bestreut servieren. Dazu schmeckt Reis.

Zubereitungszeit ca. 30 Minuten
*Pro Portion ca. 2688 kJ / 643 kcal
E: 44 g, F: 34 g, KH: 33 g*

Tipp
Wenn Sie kein frisches Kokosnussfleisch bekommen können, nehmen Sie 30 g getrocknete Kokosrapseln, die Sie in etwas Milch einweichen und vor dem Anrichten gut ausdrücken.

Pastetchen mit Puten-Bierschinken (Foto)

Zutaten für 4 Personen

1 Möhre, fein gewürfelt

2 Frühlingszwiebeln, in feinen Ringen

1 Zwiebel, fein gewürfelt

1 Kohlrabi, fein gewürfelt

2 EL Olivenöl extra vergine

200 g Puten-Bierschinken

2 Tomaten, fein gewürfelt

1 TL Senf

Salz, Pfeffer aus der Mühle

1 Prise gem. Nelken

etwas getr. Oregano

1 Schuss trockener Weißwein

8 Königin-Pasteten (Fertigprodukt)

2 TL Crème fraîche

1. Backofen auf 200 °C vorheizen. Möhre, Zwiebeln und Kohlrabi im heißen Öl in einer Pfanne andünsten. Bierschinken fein würfeln und mit Tomaten und Senf dazugeben. Mit Salz, Pfeffer, Nelken und Oregano abschmecken und mit Wein ablöschen. Etwa 15 Minuten garen.

2. Pasteten im vorgeheizten Backofen 3–5 Minuten erwärmen. Crème fraîche in das Gemüse einrühren, Mischung in die vorgewärmten Pasteten füllen und sofort servieren.

Zubereitungszeit ca. 30 Minuten
Pro Portion ca. 1658 kJ / 396 kcal
E: 13 g, F: 28 g, KH: 23 g

Gefüllte Blätterteigpastetchen

Zutaten für 4 Personen

125 g Champignons

1 EL Butter, 125 ml Weißwein

je ¼ TL Salz und weißer Pfeffer aus der Mühle

150 g TK-Erbsen

125 ml süße Sahne, 1 TL Mehl

250 g Pistazienwurst

4 Blätterteigpasteten (Fertigprodukt)

4 Zitronenschnitze

Worcestersauce

1. Zunächst Backofen auf 200 °C vorheizen. Champignons abreiben, blättrig schneiden und in heißer Butter in einer Kasserolle andünsten. Wein, Salz, Pfeffer und Erbsen hinzufügen, etwa 5 Minuten dünsten. Sahne mit Mehl verquirlen, unterrühren und aufkochen lassen. Wurst in kleine Würfel schneiden und hinzugeben, noch 3 Minuten ziehen lassen.

2. Inzwischen Pasteten im vorgeheizten Backofen 3–5 Minuten erwärmen. Das Ragout hineinfüllen und sofort servieren. Zitronenschnitze und Worcestersauce zum Nachwürzen dazu reichen.

Zubereitungszeit ca. 25 Minuten
Pro Portion ca. 2120 kJ / 510 kcal
E: 20 g, F: 36 g, KH: 22 g

Rinderfilet in Schalottensauce (Foto)

Zutaten für 4 Personen

4 Scheiben Rinderfilet (à 150 g)

8 Scheiben Bacon

200 g kleine Schalotten

2 EL Pflanzenöl

Salz, Pfeffer, aus der Mühle

4 EL Portwein

150 ml Rinderfond (a. d. Glas)

2 EL Tausend & eine Sauce „Basis für braune Saucen"

Küchengarn

1. Um den Rand der Rinderfilets je 2 Scheiben Bacon wickeln und mit Küchengarn festbinden. Schalotten schälen.

2. Rinderfilets im heißen Öl je Seite 3–4 Minuten braten. Nach der Hälfte der Garzeit die Schalotten zufügen. Fleisch herausnehmen, salzen, pfeffern und warm stellen. Portwein und Rinderfond zu den Schalotten gießen und „Basis für braune Saucen" zufügen. Das Ganze kurz aufkochen lassen und abschmecken. Schalottensauce mit den Rinderfilets servieren. Dazu schmecken Röstkartoffeln und ein gemischter Salat.

Zubereitungszeit ca. 25 Minuten
Pro Portion ca. 2910 kJ / 690 kcal
E: 36 g, F: 58 g, KH: 4 g

Tournedos mit Gemüse und Rösti

Zutaten für 4 Personen

½ Bund Möhren, gewürfelt

1 Bund Frühlingszwiebeln, gewürfelt

10 g Butter

frisch gemahlene Muskatnuss

Salz, Pfeffer aus der Mühle

4 Rindermedaillons (ca. 600 g)

4 dünne Scheiben magerer Speck

50 g Butterschmalz

4 TK-Kartoffelrösti

Küchengarn

1. Möhren und Frühlingszwiebeln in Butter etwa 8 Minuten dünsten, mit Muskat, Salz und Pfeffer würzen.

2. Rindermedaillons mit jeweils 1 Speckscheibe umwickeln und mit Küchengarn festbinden. Tournedos in 20 g Butterschmalz je Seite etwa 4 Minuten braten, salzen und pfeffern, herausnehmen und warm stellen. Rösti im restlichen Butterschmalz goldgelb braten, mit dem Fleisch und dem Gemüse auf Tellern anrichten.

Zubereitungszeit ca. 30 Minuten
Pro Portion ca. 1960 kJ / 470 kcal
E: 38 g, F: 28 g, KH: 17 g

Hochrippensteaks mit Sauce Béarnaise (Foto)

Zutaten für 4 Personen

4 Hochrippensteaks (à ca. 200 g)

Salz, Pfeffer aus der Mühle

3 EL Butterschmalz

250 g Butter

2 Eigelb

4 EL Weißwein

je 1 EL gehackter Kerbel und Estragon

Saft von 1/2 Zitrone

1 Msp. Cayennepfeffer

1. Steaks mit Salz und Pfeffer würzen und im heißen Butterschmalz je Seite etwa 5 Minuten medium braten.

2. Die Butter bei mittlerer Hitze zerlassen. Eigelb und Weißwein in eine Metallschüssel geben und im heißen Wasserbad mit dem Schneebesen schaumig schlagen. Die zerlassene Butter tropfenweise unter ständigem Rühren dazugeben. Mit Kräutern, Zitronensaft, Cayennepfeffer, Salz und Pfeffer abschmecken. Das Fleisch mit der Sauce anrichten.

Zubereitungszeit ca. 30 Minuten
Pro Portion ca. 3370 kJ / 900 kcal
E: 46 g, F: 79 g, KH: 2 g

Lammkoteletts mit Kräutern und Tomaten

Zutaten für 4 Personen

4 doppelte Lammkoteletts (à ca. 200 g)

Salz, weißer Pfeffer aus der Mühle

je 1/2 TL gehackter Kerbel, Basilikum, Estragon, Petersilie

3 EL weiche Butter

4 Tomaten, gewürfelt

125 ml heiße Fleischbrühe (Instant)

einige Stängel Petersilie, gewaschen

Alufolie

1. Fettränder der Lammkoteletts etwas einschneiden. Salz, Pfeffer und Kräuter mit 2 Esslöffeln Butter verrühren. Koteletts mit der Hälfte der Kräuterbutter bestreichen und auf einen mit Alufolie belegten Grillrost legen, Folie an den Seiten etwas hochklappen.

2. Koteletts unter dem Backofengrill 10–15 Minuten grillen. Wenden, mit restlicher Butter bestreichen und weitere 10 Minuten grillen. Bratfond in eine Pfanne geben, Fleisch warm stellen. Dem Fond restliche Butter und Tomaten zufügen, mit der Fleischbrühe auffüllen. Unter Rühren etwas einkochen lassen. Tomatensauce mit dem Fleisch anrichten und mit Petersilie garnieren.

Zubereitungszeit ca. 30 Minuten
Pro Portion ca. 1970 kJ / 470 kcal
E: 38 g, F: 35 g, KH: 2 g

Schweinemedaillons mit Spargel (Foto)

Zutaten für 4 Personen

1½ kg weißer Spargel, geschält

Salz

2 EL Zucker

600 g Schweinelende, in Medaillons geschnitten

20 g Butterschmalz

Pfeffer aus der Mühle

1 kleine Zwiebel, geschält

½ Gurke, geschält

2 hart gekochte Eier

100 g Crème fraîche

2 EL gehackter Kerbel

1. Spargel in reichlich Salzwasser mit Zucker in etwa 15 Minuten gar kochen.

2. Inzwischen Schweinemedaillons im heißen Butterschmalz etwa 3 Minuten je Seite braten, mit Salz und Pfeffer würzen und warm stellen.

3. Zwiebel und Gurke im Mixer pürieren. Eier pellen, fein würfeln, mit Crème fraîche und mit der Zwiebel-Gurken-Masse vermengen. Mit Salz, Pfeffer und Kerbel abschmecken. Spargel abgießen und abtropfen lassen, mit der Sauce und dem Fleisch anrichten. Dazu passen Salzkartoffeln.

Zubereitungszeit ca. 30 Minuten
*Pro Portion ca. 1790 kJ / 430 kcal
E: 45 g, F: 19 g, KH: 18 g*

Schweinefilets „Camembert"

Zutaten für 4 Personen

1 ganzes Schweinefilet (ca. 400 g)

1 deutscher Camembert (125 g)

Salz, Pfeffer aus der Mühle

2 EL Butterschmalz

125 ml Rotwein

2 Rosmarinzweige

Küchengarn

1. Backofen auf 200 °C vorheizen. Schweinefilet von Haut und Sehnen befreien, der Länge nach einschneiden, nicht durchschneiden. Camembert entrinden, zerdrücken und in das Filet füllen, mit Küchengarn zusammenbinden.

2. Fleisch mit Salz und Pfeffer würzen und im heißen Butterschmalz von allen Seiten anbraten. Rotwein zugießen und Rosmarin zufügen. Im vorgeheizten Backofen etwa 20 Minuten garen, dabei öfter mit Bratensaft begießen. Dazu passt Reis.

Zubereitungszeit ca. 30 Minuten
*Pro Portion ca. 1060 kJ / 250 kcal
E: 29 g, F: 14 g, KH: 1 g*

Süßes zum Dahinschmelzen

Vanille-Waffeln mit glasierten Äpfeln

Zutaten für 4 Personen

6 EL Butterschmalz
250 ml Buttermilch
160 g Mehl
4 Pk. Vanillezucker
4 Eier
Fett für das Waffeleisen
4 Äpfel
4 EL Zitronensaft
4 EL Zucker
4 EL Rum
Puderzucker zum Bestreuen
Zitronenmelisseblättchen zum Garnieren

1. Die Hälfte des Butterschmalzes zerlassen und mit Buttermilch, Mehl, Vanillezucker und den Eiern verrühren. Waffeln im eingefetteten Waffeleisen backen.

2. Inzwischen die Äpfel schälen, vierteln, entkernen und dann in Spalten schneiden. Apfelspalten mit dem Zitronensaft beträufeln.

3. Zucker in einer Pfanne erhitzen, bis der Zucker beginnt, hellbraun zu werden. Nicht umrühren, während der Zucker schmilzt. Restliches Butterschmalz, Äpfel und Rum zugeben (nicht erschrecken, es zischt recht laut). Einige Minuten einkochen, bis sich der Zucker gelöst hat und die Apfelspalten schön glasiert sind.

4. Die Vanille-Waffeln mit Puderzucker bestreuen, mit den glasierten Äpfeln anrichten und mit Zitronenmelisse garnieren. Dazu passt geschlagene Sahne.

Zubereitungszeit ca. 30 Minuten
Pro Portion ca. 2478 kJ / 590 kcal
E: 15 g, F: 23 g, KH: 71 g

Tipps

Für besonders lockere Waffeln können Sie auch die Eier trennen, das Eiweiß steif schlagen und zum Schluss unter den Teig heben.
Wie lange das Glasieren der Äpfel dauert, hängt von der Apfelsorte ab: Äpfel, die wenig Wasser abgeben, wie Cox Orange oder Boskop, sind am besten geeignet.
Sie können die Äpfel auch in der Pfanne flambieren. Einfach Rum zugeben und sofort anzünden.

Pfannküchlein mit Himbeercreme (Foto)

Zutaten für 4 Personen

170 g Mehl
60 g Sojamehl, vollfett
1 TL Backpulver
25 g Puderzucker
1 Prise Salz
2 Eier
300 ml Sojadrink
1 EL Sojaöl
250 g TK-Himbeeren, aufgetaut
250 g Soja-Vanilledessert
200 g frische Himbeeren
Öl zum Braten
Puderzucker zum Bestreuen
4 Minzezweige zum Garnieren

1. Mehl, Sojamehl, Backpulver, Puderzucker und Salz mischen. Eier mit Sojadrink und Sojaöl verquirlen, dazugeben, glatt rühren und 5 Minuten quellen lassen.

2. Tiefgekühlte Himbeeren pürieren, durch ein feines Sieb streichen und mit Vanilledessert verrühren. Frische Himbeeren verlesen. Öl in einer Pfanne erhitzen, pro Pfannkuchen 2 Esslöffel Teig je Seite 1–2 Minuten braten (ergibt ca. 16 Stück). Pfannkuchen mit Puderzucker bestreuen, mit Himbeercreme anrichten und mit frischen Himbeeren und Minzezweigen garnieren.

Zubereitungszeit ca. 30 Minuten
*Pro Portion ca. 2530 kJ / 600 kcal
E: 20 g, F: 34 g, KH: 52 g*

Bananen-Crêpes mit Frischkäse

Zutaten für 4 Personen

200 g Mehl
4 Eier
160 ml Milch
8 EL Mineralwasser
2 Bananen
4 EL Zitronensaft
20 Himbeeren
2 EL Butter
120 g Frischkäse (z. B. Kiri)

1. Mehl und Eier verrühren. Milch und Mineralwasser nach und nach unterrühren, bis ein glatter Teig entsteht. 10 Minuten quellen lassen. Inzwischen Bananen schälen, in Scheiben schneiden und mit Zitronensaft beträufeln. Himbeeren verlesen.

2. Butter in einer Pfanne erhitzen. Teig darin zu 4 goldgelben Crêpes backen und abkühlen lassen. Crêpes mit Frischkäse bestreichen. Bananenscheiben und Himbeeren darauf verteilen und zusammenklappen.

Zubereitungszeit ca. 30 Minuten
*Pro Portion ca. 2000 kJ / 480 kcal
E: 17 g, F: 22 g, KH: 52 g*

Kartoffelpuffer mit gedünsteten Beeren

Zutaten für 4 Personen

1 kg mehlig kochende Kartoffeln

2 Eier

Salz

400 g gemischte Beeren (frisch oder aufgetaute TK-Beeren)

2 EL Butter

2 EL Puderzucker

4 EL Rum

Butterschmalz zum Braten

1. Die Kartoffeln waschen, schälen und fein reiben. In einem Tuch ausdrücken, die abtropfende Flüssigkeit dabei auffangen. Eier und Kartoffelraspel verrühren. Das aufgefangene Kartoffelwasser so vorsichtig abgießen, dass die abgesetzte Stärke übrig bleibt. Diese unter den Kartoffelteig rühren und den Teig leicht salzen.

2. Beeren waschen und abtropfen lassen. Butter in einer großen Pfanne erhitzen und aufschäumen, Beeren darin etwa 1 Minute dünsten, mit Puderzucker bestäuben und mit Rum ablöschen. 1–2 Minuten kochen, so dass der Alkohol verdunstet, die Beeren aber nicht zu weich werden. Beeren vom Herd nehmen und etwas abkühlen lassen.

3. In einer großen Pfanne reichlich Butterschmalz erhitzen und kleine Kartoffelteighäufchen hineinsetzen. Glatt streichen und die Puffer von beiden Seiten in jeweils 3–4 Minuten goldbraun braten.

4. Die Kartoffelpuffer mit den Beeren anrichten. Dazu geschlagene Sahne servieren.

Zubereitungszeit ca. 30 Minuten
*Pro Portion ca. 1541 kJ / 367 kcal
E: 9 g, F: 16 g, KH: 39 g*

Tipp
Wenn Kinder mitessen, lassen Sie den Rum weg und nehmen statt Puderzucker 3–4 Esslöffel Ahornsirup.

Verzeichnis der Rezepte nach Kapiteln

Knackige Salate & frisches Gemüse

Salatherzen mit Himbeeren, Schinken und Pfefferminzdressing 10

Frittierter Käse auf Salat 10

Tomaten-Erdnuss-Salat 12

Kohlpäckchen mit Sauermilchkäse-Salat 12

Farmersalat mit Räucherwurst 14

Weißkrautsalat mit Räucherlachs 14

Bohnensalat mit Rucola und Salami 16

Gabelspaghettisalat mit Chicorée, Orangen und Lachs 18

Züricher Shipli-Salat 18

Italienischer Nudelsalat mit Bohnen 20

Gemüse-Erdnuss-Suppe mit Kreuzkümmel 22

Gemüse mit Käsesauce 22

Köstliches für zwischendurch

Apfel-Sandwich 26

Gespicktes Pfefferbaguette 26

Bananen-Huhn-Snack 28

Bruschetta mit Mandel-Ziegenkäse 28

Käse-Birnen-Toasts 30

Hähnchen-Sandwiches 30

Geröstetes Baguette mit Feigen und Pfefferschinken 32

Fruchtige Schlemmer-Baguettes 32

Rettich-Quark 34

Romadur-Quark 34

Meerrettich-Quark 34

Erdbeer-Quark 36

Haferflocken-Krokant-Quark 36

Bunte Pastavariationen

Scharfe Spaghetti mit Rucola 40

Gemüse-Bandnudeln mit cremiger Knoblauchsauce 42

Spätzle mit geräucherter Forelle und Meerrettichsauce 42

Korkenziehernudeln mit Rinderfilet, Porree und Pilzen 44

Zitronen-Spaghettini mit Ingwer 46

Bandnudeln mit Specksauce 46

Bandnudeln auf chinesische Art 48

Bunte Nudel-Gemüsepfanne 50

Möhren-Zucchini-Nudeln mit Nuss-Käse-Sauce 50

Feine Fleisch- & Geflügelgerichte

Currygeschnetzeltes vom Schwein 54

Schweinegeschnetzeltes mit Äpfeln 54

Steaks von der Hochrippe mit Tomaten 56

Fleisch-Käse-Bällchen 56

Paprikaschnitzel 58

Hackfleischbällchen in Kräuterrahm 58

Gebratene Rehmedaillons mit Rosenkohl 60

Champignon-Curry mit Putenwurst 62

Würzige Hähnchenflügel 62

Apfel-Bohnen-Gemüse mit Nürnberger Bratwürstchen 64

Feuertopf 64

Raffiniertes für Gäste

Syrischer Kartoffelsalat mit Lammhackbällchen 68

Schweinefilet mit Zucchini 70

Indonesisches Reisfleisch 70

Feines Kokoscurry 72

Pastetchen mit Puten-Bierschinken 74

Gefüllte Blätterteigpastetchen 74

Rinderfilet in Schalottensauce 76

Tournedos mit Gemüse und Rösti 76

Hochrippensteaks mit Sauce Béarnaise 78

Lammkoteletts mit Kräutern und Tomaten 78

Schweinemedaillons mit Spargel 80

Schweinefilets „Camembert" 80

Süßes zum Dahinschmelzen

Vanille-Waffeln mit glasierten Äpfeln 84

Pfannküchlein mit Himbeercreme 86

Bananen-Crêpes mit Frischkäse 86

Kartoffelpuffer mit gedünsteten Beeren 88

Verzeichnis der Rezepte in alphabetischer Reihenfolge

Apfel-Bohnen-Gemüse mit Nürnberger Bratwürstchen 64
Apfel-Sandwich 26

Baguette mit Feigen und Pfefferschinken, geröstetes 32
Bananen-Crêpes mit Frischkäse 86
Bananen-Huhn-Snack 28
Bandnudeln auf chinesische Art 48
Bandnudeln mit Specksauce 46
Blätterteigpastetchen, gefüllte 74
Bohnensalat mit Rucola und Salami 16
Bruschetta mit Mandel-Ziegenkäse 28

Champignon-Curry mit Putenwurst 62
Currygeschnetzeltes vom Schwein 54

Erdbeer-Quark 36

Farmersalat mit Räucherwurst 14
Feuertopf 64
Fleisch-Käse-Bällchen 56

Gabelspaghettisalat mit Chicorée, Orangen und Lachs 18
Gemüse mit Käsesauce 22
Gemüse-Bandnudeln mit cremiger Knoblauchsauce 42
Gemüse-Erdnuss-Suppe mit Kreuzkümmel 22

Hackfleischbällchen in Kräuterrahm 58
Haferflocken-Krokant-Quark 36
Hähnchenflügel, würzige 62
Hähnchen-Sandwiches 30
Hochrippensteaks mit Sauce Béarnaise 78

Kartoffelpuffer mit gedünsteten Beeren 88
Kartoffelsalat mit Lammhackbällchen, syrischer 68
Käse auf Salat, frittierter 10
Käse-Birnen-Toasts 30
Kohlpäckchen mit Sauermilchkäse-Salat 12
Kokoscurry, feines 72
Korkenziehernudeln mit Rinderfilet, Porree und Pilzen 44

Lammkoteletts mit Kräutern und Tomaten 78

Meerrettich-Quark 34
Möhren-Zucchini-Nudeln mit Nuss-Käse-Sauce 50

Nudel-Gemüsepfanne, bunte 50
Nudelsalat mit Bohnen, italienischer 20

Paprikaschnitzel 58
Pastetchen mit Puten-Bierschinken 74
Pfannküchlein mit Himbeercreme 86
Pfefferbaguette, gespicktes 26

Rehmedaillons mit Rosenkohl, gebratene 60

Reisfleisch, indonesisches 70

Rettich-Quark 34

Rinderfilet in Schalottensauce 76

Romadur-Quark 34

Salatherzen mit Himbeeren, Schinken und Pfefferminzdressing 10

Schlemmer-Baguettes, fruchtige 32

Schweinefilet mit Zucchini 70

Schweinefilets „Camembert" 80

Schweinegeschnetzeltes mit Äpfeln 54

Schweinemedaillons mit Spargel 80

Shipli-Salat, Züricher 18

Spaghetti mit Rucola, scharfe 40

Spätzle mit geräucherter Forelle und Meerrettichsauce 42

Steaks von der Hochrippe mit Tomaten 56

Tomaten-Erdnuss-Salat 12

Tournedos mit Gemüse und Rösti 76

Vanille-Waffeln mit glasierten Äpfeln 84

Weißkrautsalat mit Räucherlachs 14

Zitronen-Spaghettini mit Ingwer 46

Foto- und Rezeptnachweis:
Bel Adler Allgäu: S. 22 u., 30/31, 32/33
Beek-Homann: S. 14/15
Biskin Spezial: S. 64/65
Birkel: S. 18 u., 48/49, 50/51
Bresso: S. 72/73
Brunch: S. 42/43
Californische Mandeln: S. 28 u.
CMA/Butterschmalz: S. 84/85, 88/89
CMA/Deutscher Käse: S. 10 u. 12 u., 26 u., 50 u., 56 u., 80 u.
CMA/Fleisch/ABC Euro RSCG: S. 54 u., 56/57, 58 u., 64 u., 74 u., 76 u., 78/79, 80/81
CMA/Milch: S. 10/11, 34/35, 36/37, 54/55
Deutsches Teigwaren-Institut: S. 42 u., 46 u.
3 GLOCKEN: S. 18/19, 44/45
Kikkoman: S. 62 u.
Kiri: S. 86 u.
Lätta: S. 28/29
Meggle: S. 32 u., 46/47, 60/61
Müller's Mühle: S. 20/21, 70 u.
Naturdarm/ABC Euro RSCG: S. 16/17
Oryza: S. 70/71
Pfanni/Kartoffel pur: S. 68/69
Pute pur/Höhenrainer: S. 62/63, 74/75
Rama Culinesse: S. 58/59, 68/69
Soja in der Ernährung: S. 86/87
Surig Essig-Essenz: S. 40/41
Unox 1000 & eine Sauce: S. 76/77
USA-Erdnüsse: S. 12/13, 22/23
Vitaquell: S. 26/27

Dieses Werk berücksichtigt die neue deutsche Rechtschreibung.

Die Ratschläge in diesem Buch wurden von Autoren und Verlag sorgfältig geprüft, dennoch kann eine Garantie nicht übernommen werden. Eine Haftung der Autoren bzw. des Verlags für Personen-, Sach- und Vermögensschäden ist ausgeschlossen.

© by Pabel-Moewig Verlag KG, Rastatt
Redaktion: Claudia Boss-Teichmann
Coverfoto: Meggle (Rezept Seite 46)
Alle Rechte vorbehalten
www.MOEWIG.de
Printed in Germany
ISBN 3–8118–7642–2